- Gut gemacht!
- Ich sage Danke 
- Ich kann schon Bitte sagen! 
- Höflich sein ist cool! 
- Ein Stern für gutes Benehmen 
- Ich bin gerne nett! 
- Ich kann schon Danke sagen! 
- Ich sage Bitte 
- Ich war heute sehr höflich!

Dieses Buch gehört:

....

....

Texte von Jillian Harker
Illustrationen von Rachael O'Neill

Copyright © Parragon Books Ltd

Alle Rechte vorbehalten. Die vollständige oder auszugsweise Speicherung, Vervielfältigung oder Übertragung dieses Werkes, ob elektronisch, mechanisch, durch Fotokopie oder Aufzeichnung, ist ohne vorherige Genehmigung des Rechteinhabers urheberrechtlich untersagt.

Copyright © für die deutsche Ausgabe
Parragon Books Ltd
Queen Street House
4 Queen Street
Bath BA1 1HE, UK

Übersetzung: Helene Weinold-Leipold, Violau
Redaktion und Satz: trans texas publishing, Köln

ISBN 978-1-4075-2376-7
Printed in China

Bitte und Dankeschön!

PaRragon

Bath · New York · Singapore · Hong Kong · Cologne · Delhi · Melbourne

Gutes Benehmen von klein auf!

Jedes Kind sollte frühzeitig lernen, anderen höflich und freundlich zu begegnen. Die Geschichten in diesen Büchern machen das Erlernen dieser Umgangsformen zu einem echten Vergnügen.

So können Sie selbst dazu beitragen, dass gutes Benehmen Ihren Kindern Freude macht:

* Lesen Sie in einer ruhigen Stunde die Geschichten zusammen mit Ihrem Kind. Die lustigen Reime wird es bald auswendig können.

* Sprechen Sie nach jeder Frage mit Ihrem Kind darüber, was jetzt zu sagen oder zu tun wäre. Lassen Sie Ihr Kind Vorschläge machen. Wenn es selbst mitmachen darf, lernt es leichter.

* Anhand der letzten Seiten dieses Buches können Sie überprüfen, ob Ihr Kinder verstanden hat, wann es das Gelernte anwenden sollte. Für jede richtige Antwort gibt es einen Stern zur Belohnung.

* Belohnen Sie gute Manieren im Alltag mit reichlich Lob und mit einem der Aufkleber aus diesem Buch.

Alle tanzen Ringelreihn,
nur du stehst da ganz allein.
Schreist du, ärgerst dich?
„Spielt nicht ohne mich!"

Das kann nicht sein! Das ist nicht fein!

Ein Rüpel erreicht niemals viel.
Doch so kommst Du ans Ziel:

Sag vorher „Bitte"

und dann „Dankeschön!"

„Ringel-, Ringelrosen, schöne Aprikosen ..."

Die Sonne brennt, und dir ist heiß.
Wie schön wär jetzt ein kühles Eis!
Wenn Du „Ich will auch eins!" brüllst,
bekommst du dann, was du willst?

Das kann nicht sein!
Das ist nicht fein!

Ein Rüpel erreicht niemals viel.
Doch so kommst Du ans Ziel:

Sag vorher „Bitte"
und dann „Dankeschön!"

Mmh, mmh!

Dein Rad fährt nicht schnell genug.
Packt dich da die kalte Wut?
Schimpfst du: „Streng dich an,
damit ich schneller fahren kann!"?

Das kann nicht sein! Das ist nicht fein!

Ein Rüpel erreicht niemals viel.
Doch so kommst Du ans Ziel:

Sag vorher „Bitte"

und dann „Dankeschön!"

Brumm, Brumm!

Dein Drachen hängt in einem Baum,
total verheddert – aus der Traum!
Plärrst du da: „Holt ihn mir her,
das ist mir doch viel zu schwer!"

Das kann nicht sein!

Das ist nicht fein!

Ein Rüpel erreicht niemals viel.
Doch so kommst Du ans Ziel:

Sag vorher „Bitte"

und dann „Dankeschön!"

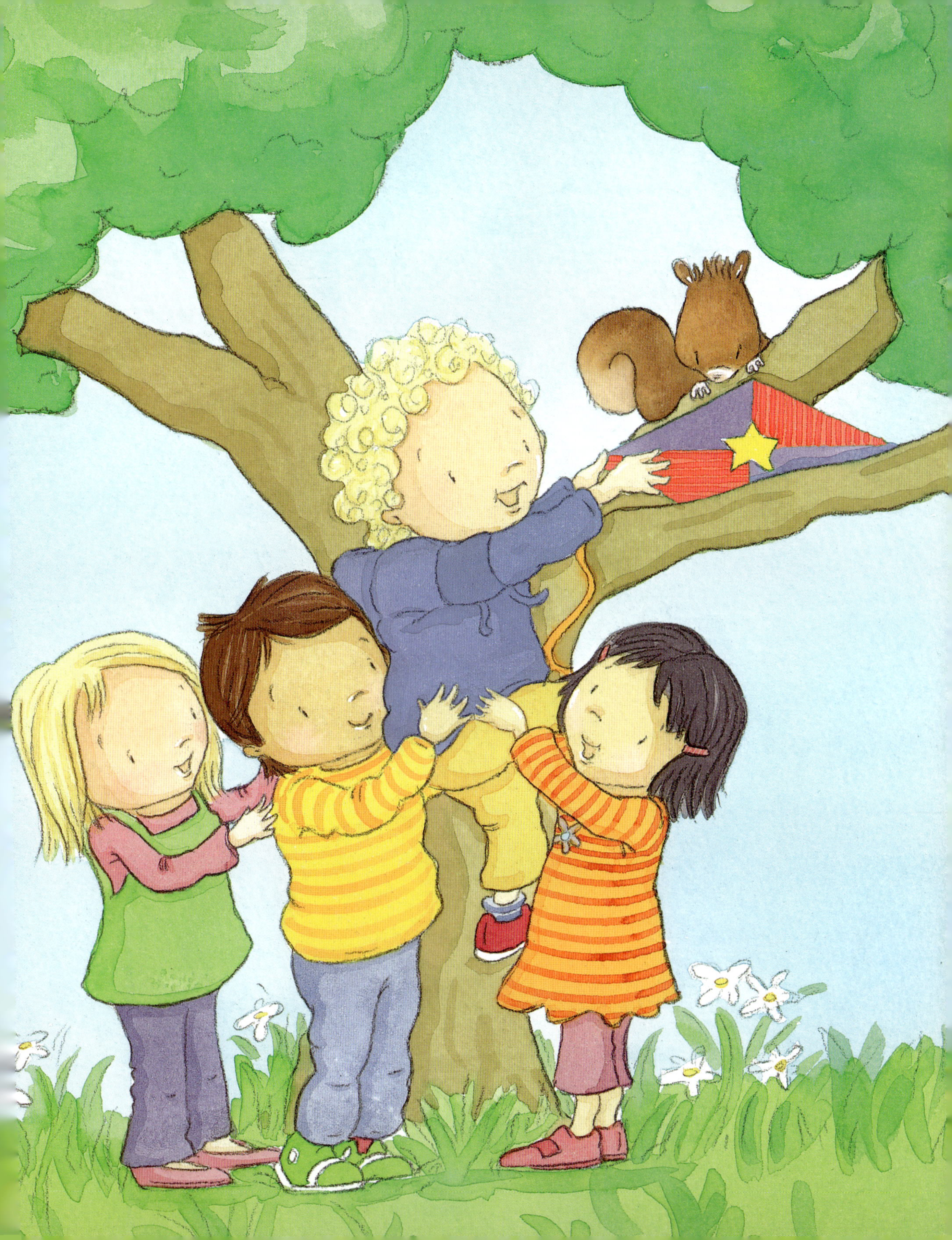

Bist Du zu anderen gemein,
spielst Du bald ganz allein.

Wer sich gut benehmen kann,
kommt bei den andern besser an.

Ein Rüpel erreicht niemals viel.
Doch so kommst Du ans Ziel:

Sag vorher „Bitte"

und dann „Dankeschön!"

Was sagst Du da?

Was sagst Du, wenn Du mitspielen willst?

Wenn du „Bitte" gesagt hast, war's richtig!

Was sagst Du, wenn Du ein Eis bekommen hast?

Wenn Du „Danke" gesagt hast, war's richtig!

Wenn Du an den richtigen Stellen „Bitte" und „Danke" gesagt hast, dann hast Du Dir vier Sterne als Belohnung verdient.

Was sagst Du, wenn Du Hilfe brauchst?

Wenn du „Bitte" gesagt hast, war's richtig!

Und was sagst Du, wenn Dir jemand geholfen hat?

Wenn Du „Danke" gesagt hast, war's richtig!